저 소금장수의 눈

채규판 시선집

┌─────────┐
│ 인지   │
│ 생략   │
└─────────┘

들꽃시선 100
저 소금장수의 눈

지은이/채규판
펴낸이/문창길
초판인쇄/2009년 4월 25일
초판펴냄/2009년 4월 30일
펴낸곳/도서출판 들꽃
주소/100-273 서울 중구 필동3가 28-1 서울캐피탈빌딩 B202호
전화/(02)2267-6833, 2273-1506
팩스/(02)2268-7067
출판등록/제5-313호(1992. 5. 15)
E-mail:dlkot108@hanmail.net

값 7,000원
*파본된 책은 바꾸어 드립니다.

ISBN 978-89-6143-131-6 04810
ISBN 978-89-951327-0-8(세트)

채규판ⓒ2009

들꽃시선 100

저 소금장수의 눈

채규판 시선집

2009ⓒ채규판

| 자서 |

 내 나름의 인생을 겪어오는 동안 나는 무척 피로한 歷程이 많았다. 나와 같은 세대가 겪은 氣候탓도 있겠지만 아뭏든 먼지와 변덕스런 바람과 잡음 따위로 아주 소중히 다루어야 될 나의 영혼의 고요하고 아늑해야 할 심층부까지도 대단한 危害(?)를 당하고야 말았다.
 아마 이 어찌할 수 없는 숙명이 나로써는 啓發心을 갖게 한 모양인지도 모른다. 「窮則通」이라고 누구든 지극한 상황에 부딪치고 보면 그런대로 최소치의 출구가 트이는 것일 것이다.

 끝으로 작품해설을 써 주신 강영은 시인과 〈들꽃〉 문창길대표님께 감사의 말씀을 드린다.

2009 봄날에
채규판

| 저 소금장수의 눈 |

차례

자서 / 5

묶음 하나 : 그 춤의 꼭지에서

12_ 葉書
13_ 波濤소리
15_ 洛花記
17_ 離別의 노래
19_ 火田民
21_ 꽃밭에 세운 덫
23_ 그 춤의 꼭지에서
24_ 겨울 천변
25_ 恨
27_ 驛頭에서
29_ 雪晴
31_ 木刻人形 앞에서
33_ 저 소금장수의 눈
35_ 塔身을 돌며
36_ 復古調

| 저 소금장수의 눈 |

묶음 둘 : 어떤 노래

38_ 로키산맥을 지나며
40_ 어떤 노래
42_ 沙漠·1 - 모아비에서
44_ 계단
46_ 狀況·10
48_ 노상에서
50_ 山村
52_ 금탑사金塔寺에서
54_ 散調·7
56_ 아주 어린 시절의 이야기
57_ 無題
58_ 小鹿島 記
60_ 새벽 네 시에
62_ 이 생각 저 생각
64_ 빛·칼날의 의미
66_ 봄의 끝에서
67_ 서둘러 가야 한다면

| 저 소금장수의 눈 |

묶음 셋 : 새의 여행

70_ 이 골목에서
72_ 이 가을의 뜰은
74_ 유역流域 · 3
76_ 지남철이라는 것
77_ 봄의 끝에서
78_ 아름답고 싶어서
80_ 폐허
82_ 삶도 삶이지만
84_ 獨舞
86_ 어둠을 끌고 걸으며
88_ 새의 여행
90_ 꽃과 철로
92_ 티벧의 거리
94_ 차오코야江
96_ 아마존 · 3 -밀림에서 만난 아이들
98_ 아마존 · 7 -숲에서
100_ 파수파티나의 다리

| 저 소금장수의 눈 |

묶음 넷 : 어느 舞踊手에게

104_ 부다가야에서 -한 女子의 祈願을 위하여
107_ 피라밋 사원에서
108_ 異國風 · 6 -리우데자네이로 거리에서
110_ 異國情緒 · 12 -부에노스아이레스에서
112_ 안데스山 · 2
114_ 풀빛 幻 · 1
116_ 어느 舞踊手에게
118_ 曲藝師
120_ 강가에서 만난 부처의 이야기
122_ 아침 꽃
124_ 停車場에서
126_ 넝마 속에서
128_ 아침을 만나고 있지만
130_ 流浪
132_ 출항을 위한 시
135_ 驛舍

138_ 작품해설 | 강영은 · 떠남과 남아있음의 미학

묶음 하나

그 춤의 꼭지에서

葉書

띄울 수 있는 것은 눈물 뿐이다.

분명하게 보낼 수 있는 것은 가난하기 짝이 없는
살림의 냄새 뿐,
귀뚜라미 소리 하나 챙기지 못한다.
休紙로 버리면 그 뿐이랴.
보냈으니까 받았고,
받았으니까 보낸 것인데
흰꽃 한두 닢 붙여 되돌아 온 답신은
아아, 슬픔이랴.
노랫 말을 적을 수 없어.
총총히 사라진 病이 든 사내의 손끝에
點點點
피멍만 늘어나고,
旺盛한 식욕도 없으면서
밥을 찾는다.
밥을 찾는다.
내가 할 수 있는 유일한 것이래야
겨우 絶望뿐이구나.

波濤소리

마른 나무 가지를 물위에 던진다.
더 무겁고 더 잘생긴 모습으로
깊이 가라 앉아야지.
나무 가지는 둥둥 떠가면서
전혀 침몰할 기색이 없다.

빼꼼히 열린 문틈을 흘깃거리며
빨간 눈의 갈매기를 잡아 당긴다.
안경태가 검지 않았던들
나는 昏絶했으리.

교회당보다 서너 뼘쯤 낮은 언덕에서
부딪혀오는 물냄새를
기름지게 잡는다.

태양이 눈물처럼 녹아내리고
말갛게 번져지는
어제 잊어버린
우리들의 옥새.

벙어리 되어
귀가 잘린 벙어리 되어
꽃을 노래하자

카악칵 갈가마귀떼
밭으로 내려 꽂히고
마구 이마를 때리는
까마득히 먼 태고의 저녁 빛.

갈 것인가,
멈출 것인가
꼭 누나의 볼태기처럼 부풀면서
나의 팽이의 진통이
쉬- 쉬-
소리를 그치지 않는다.

洛花記

설마 지나려 했는데.
꽃은 삼백 예순 날을 견뎌 주었다.
시름시름 앓다가도
제 풀에 곤두서기도 했고,
마침 門틈을 통해서 바깥의 淑女와
두어마디 말씀만 나눠도 쌩쌩 구슬이더니,

목마른 일쯤이야 하구 한 날
울어버리면 그만인 것을.
게딱지만한 논바닥을 기면서
한철 메뚜기는
왜 요란한 産卵을 쉬지 않는다.
炎天에 어인 謝肉祭라던가.

곰팡이 슨 삿갓을 내던지고도
요행히 마음 편할 줄 았았되.
굴비 한두 첨만 맛봐도
침 마른 날 없겠거니……

砂果 속이 희니까 속인데,
꽃잎이래서 지는 건가.
설음도 느껴움도 자잘한
꽃물 속에 엎질러져 녹아내리나니,
철철 넘치고 있다니.

別離의 노래

그는 나에게 준 것이 없지만
그는 나에게 아무런 約束도 아니했지만
그는 나의 손을 잡아 주었다.

원체 멍청한 내 머리로는 품을 수 없어서
원체 출렁거리는 머리채를 가지고 있어서
소쿠리만한 密語의 그늘에서
눈빛의 늪에서
헤어날 수 없었을 뿐,
나는 잘못이 없다.

그는 나를 놔두고 갔을 때도 그랬지만
그의 옷자락을 검어쥐고 퍼억퍽 울고 싶었을 때도
나는 그에게 할 말을 준비하지 않았다.

그는 나에게 담담한 아픔을 남겨준 것 같다.
그는 나에게 失語의 技術을 심어준 것 같다.

그래서 갔겠지만

나는 그를 그리워하지 않았다.
나는 생각하려고 하지 않았다.
왜냐하면 그는 나에게 아무 것도 건네준 게 없기 때문인데
다만 자주자주 내 손을 잡아 준 일 밖에 없기 때문이다.

火田民

맨 처음 門고리를 벗기는
꽃의 全身에 흔들리며
龍의 紋樣을 지우며
얹히는
빛의 動作.

소리는 아니면서
포옹은 더욱 아니면서
잘 익은 果肉의 속조각도 더욱 아니면서
하나씩 포개져 내는
金絲의 彩.

영원할 수 없는 사람끼리
영원할 수 있는 물을 뿌리노니
영원할 수 있는 血汁을 짜내노니

높이와 날개의 길이가 같은
빛과

彩의 수렁을
빛과 彩의 밭고랑을 가(耕)는
친구, 火田民이여.

꽃밭에 세운 덫

나는 한 개의 덫이다.
꽃빛이나 꽃빛의 무게를 追跡하면서
내가 흘린 피의 조각마다
얼마큼의 땀이 섞여 있는가.

부끄럽기도 하지만 지나가는 사람이 많을 때
흔히 부끄러움을 잊는데
진즉부터 할 말이 없었고
나는 침묵의 덫이 되고 만다.

빛살을 감는다든가,
줄인다든가 할 수는 없지만
빛이 물드는 소리를 멀직이서 듣고 있노라면
無心한 것도 덫이 되더구나.

입김을 불어 넣을 때마다 쓴맛이 돋아나고
앞을 보기 위해 갈증을 거두어버린
나의 走行,

나의 숙명의 나부낌을 본다.

가진 영토도, 해진 조각들을 흔들어대며
짤랑짤랑
꿈이라곤 눈꼽만치도 없는
벌레나 말리는
나의 태양의 꼬리.

정중한 손짓과 옷매무새를 높이우며
꽃들 푸짐하게 벌여선 뜰에서도
나는 으례히 덫을 生産하고 있다.

그 춤의 꼭지에서

우리를 갈라 놓은 것은 우리들의 中間이다.
우리를 갈라 놓은 것은 소리의 마지막 部分이다.
너와 나와의 사이에 끈이 없었는데
언제부터 질긴 아픔이 엉켜 있는가.

너와 나의 꿈이 같은 탓인가
비바람 멈추지 아니하고 눈보라 속에 포효하듯
우리들의 춤의 꼭지를 접는 바람의 톱니.

槍끝보다 날카로운 觸手를 끌어 모아
울타리를 세우기로 하자.
건들면 그냥 쓸어지는 안개처럼,
손놀림처럼
피곤한 安樂이 살게 하자.

우리들의 靑春에 겨울만은
어제와 똑같이 피워 두어야 한다.

겨울 천변

밤이 이슥하지 않아도 어차피 넘겨질 달력, 오늘의 마지막 자락을 문지르며 철철 솟아오르는 良質의 잠이있다.

풋내기들이사 물의 韻致를 알랴만 河口에서 만난 조갯살 같은 약속들 끼리 수군수군 시간을 쉽게 하는걸…… 뭘 좀 알아야 잉어 뛰는 꼴을 그려내지, 솔솔 바람이 차질 않다.

설마 모닥불이 꺼질리 없고, 손때 묻은 살림의 끄나풀을 이리저리 끌고 다닐 수도 없고, 발 벗은 忘却의 뿌리에 더러 성애가 끼긴 한다.

병들긴 마찬가지고 바싹 말랐거니 포풀라 나무에 걸린 鳶끈이나 되었으면- 연달아 물장구치는 記憶들을 어렁어렁 구슬리면서 막무가내 얼어붙이는 냇물을 후우후 녹여보려 한다.

恨

얻은 것이라곤 무일푼의 호주머니 뿐인데
가슴께 들여다 보느라면
찰랑찰랑
밭갈이 하다 말고 두런거리던
옛날 鬼神 만난다는 아저씨의 손마디가 그립고

물굿각시 新行 보내는 언덕에서
허기지게
허기지게 울던
내 어릴 적 계집애의 언니,
그 짭짤한 눈물이 아쉽고

시간은 바쁘게 바쁘게 달려가지만
나는 시간의 이름을 묻지 않아야 한다.

얻은 것이라곤 銅錢 한두 닢의 녹슨 노랫가락
저 듣기 싫은 육자박이가 듣고 싶을 것이어서
애써 복 받히는 게

새롬새롬
돋아날 것이어서.

驛頭에서

마침 信號機와 한데 엉켜서 산다.
仙人掌의 가시를 뽑아내며
아플거라며
아플거라며
읊조리는
반복의 아픔.

차마 못버린 아쉬움 때문에
줄기줄기 흔들리는
꽃의 原色을 파내면서
아아,
喊聲이 역겨운
바람을 마신다.

달리는 소리,
떠나가다 되 와서
엎으러지는 소리,
힘 빠진

驛숨에
다만 새길 수 있는,
지금 막 旗幅이 되고 있는
적당한 손짓,
손짓속에 갇혀서
죽지 않고 있다.

雪晴

눈을 맞으며
어깨에 닿는 눈의 살갗을 느끼며
굶주렸던
굶주리며 기다리기만 했던
官能의 춤을 본다.

끝내 모습이 없는 달과
참새떼의 잘 익은 말씨와
성황목 여태도 없는 마을과
댕기 꼬리와
시원하게 퍼제끼는 멱물 소리와.

눈매가 처진 어머니의 속적삼을 지나온
이 凄絶한 목줄기
목줄기마다
달리는 所望의 깃,
눈을 맞으며

누이야

첫 번째 만난 희디흰 베갯모에
맨 처음
무얼 흘릴래.

아침 저녁으로 찾아온
夜叉의 손을 피해서
눈을 받아야지,
부산히 눈을 밟아야지.

木刻人形 앞에서

조용히 지껄이기 시작하면
한나절 철철 넘치던
우리들의 因緣이 생각난다.

아무도 갈아 끼우지 못하는
유리알의 신비를
소중히 보듬어 가면서
한시절 노래도 없는 빈 터에서
미친 사람처럼
미친 사람처럼 뛰어야 했다.

鼓手는 북을 쳐야 하고
피리쟁이는 피리를 불어야 하듯이
가맣게 늘어선 소리들의 울에 갇혀서
나는 북을 울린다.
우리는 중요한 走行을 벌린다.

친구여,

벌레도 우렁찰 때가 있는가.
친구여,
파도소리가 가냘프게 戰慄할 때가 있는가.

간간히 피 섞여 흐르는
손電燈의 숨결을 담아 올리면서
아, 나는 가난한 사람으로 살아 있고 싶다.

저 소금장수의 눈

웃옷을 벗어던지는 나의 친구의 소매에서
버걱버걱 신바람을 튕기며
쏟아지던
콸콸 쏟아지던
웃음 소리.

헤어지기보다 만나기가 쉽다던
친구의 이마를
두어 마디 노을이 지나갔고
어렁어렁 하다가
밤은 왔는지
밤은 넘어섰는지.

부산하게 끓어오르는 休紙의 높이가
石階를 오르내릴 때
달은 떴으리.

버그럭 대는 바닷풀의 냄새를

따 담으며
번쩍 스치는
閃光의 갈기.

塔身을 돌며

스산한 바람에 갇혀
내 이웃은 떨고 있다.

塔身을 돌면서
비로서 울리는 風磬,
山내음 같이 떨고 있다.

사람이 사람을 사랑하기 위하여
내 원죄의 帖을 꺼내들고
처음부터 生活은 旋回했다.

사랑은 본래 가난한 것
가난할수록
나와 함께 지내도 좋다.

잡풀만 무성한데
한낱 딱정벌레처럼 붙어
스산한 바람과 더불어
나의 靈膜은 가난하게 떨고 있다.

復古調

푸르게 푸르게 살다 간
우리들의 새,
낡고 찌든 울타리 안에서
파득파득
피를 삼키던 새,
永劫을 날며
영겁의 깃털을
몹시 갈구하던 새,
새의 이름을 부르며
조용히 내리는 비,
鋪道에 서서
鋪道 저 쪽에서 달려오는
虛妄을 줍는다.
와아와아
입모양만 큰
우리들의 새의 絶命을 만난다.

묶음둘

어떤 노래

로키산맥을 지나며

사막은 한줌의 햇살을 퍼 쏘아댄다.
山기슭을 돌아가며
허연 먼지가 쏟아지며
原始의 風俗을 다시 끄집어 내며
바람은 메마른다.

흔적조차 싸늘한 계곡을 따라 나서자.
아리조나 그 죽음의 모래밭과
靈魂만 남은 인디오의 피와
희끗희끗 바래버린 大地의 꼭대기.

山까치도 진즉 와서 울다 갔고
높고 낮고 넓고 긴
이 침잠의 늪에
血汁을 쏟아 부은 이들 다 어데 갔는가.
그리고 계곡은 어디까지 흘러가고 있는가.

出口가 닫힌 울안에 그들은 숨을 거두었고
모두의 시선 밖으로 뛰어 넘는 넋두리만

파득파득 숨을 쉬고 있는가
핍박의 끈을 느린 채
얼룩진 로키가 하늘을 떠 받치고 있다.

학살이 몰고 간 山頂에
피꽃들 굽이굽이 콜로라도 江에
歷史를 뿌리고
서부의 질긴 끈에 묶여
바람이 쉰다.

어떤 노래

山풀
시간에 매여
달빛 더욱 차다.

한 갈래 드리운 설움이
닻 올리며
잔설을 뿌리며
희뿌연히 웃는다.

소니기 퍼붓 듯
환각을 기울이는 때에도
내 여윈 뼈마디에
달라붙는 아픔,
- 아픔이사……

죄가 된다지만
가난이야
늘
고백으로 남아

떠는 것.

두렵게 길을 가노라면
속살 찌듯이
번뇌가 돋아나노니

밤별 헤며
시름이 창밑을 지나는데
십일월
저 서리 위에
아카시아처럼

아카시아처럼
숙명을
묻고 싶나니.

沙漠·1
-모아비에서

누가 내뱉는 간절한 所望인가.

우울한 생각을 끄시며
한낮을 가노란데
벼랑에 매달려 숨가쁜 해의 溫氣여.

바람도 일고
모아비 그 하얀 絶叫가
포실포실 부서지고 있는 沙流.
누가 죽음을 던져 삶을 건져내고 있는가.

이 삭막한 땅을 휘이휘 돌려가는
난폭한 새떼들,
먹물을 마신
저 悲情의 惡魂들이
하늘을 돌고,

斜線과 虐殺이 平行한 山기슭에 서서
原始를 밀고

끌고 가도 말하는 이 없다.

인디오의 성곽을 비껴
누천년 風俗이 잦아 뒤흔들린
死身이 묻힌 삼각의 터를 겨냥하기도 하지만
바람일 뿐,
난간에 서성이는 흔적일 뿐,
그림자도 없다.

風車는 덧없이 돌아가고
일찍부터 남아 갈수록 기승하는 파도여,
성난 울음의 咆哮여.

폐허에서 쏟아지는 건 언제나 안타까움인데
靈膜을 찌르며 달려드는
샤보뎅의 높이,
아아, 누가 絶望의 춤을 준비하고 있는가.

계단

오를 수 있다면
오를 수 있는 頂上만 있다면 가야 한다.
날짐승 空中을 旋回하고 있고
힘의 축대를 높이 쌓을 수만 있다면

더 오를 수 있을 때까지 쉬임없이 반복하면서
벼랑의 마지막 자리에서도
처절하게 신음을 토하는 그들,
적들을 보게 되리라.
그 남루한 세월을 기억하며
연민에 쌓인 채
迷妄에 걸려 떨고 있을 그들을 만나게 되리.
한자락 風俗이야 남겨둔들 어떠랴.
눈은 쌓이고
내 시선의 군열의 막바지에서
바람 속에 서리.

미더운 것은 사랑 밖에 없다고 하지만
그렇게 물결치듯 쏟아지고

한자락 曲藝를 괴롭게 벌이고 있다.
永壁을 질러 질주해야 할 것인데
좀처럼 빠져나가질 것 같지 않은
廢車場 주변에서
비틀거리는 힘과

아, 亂氣流의 중턱을 파고
山까치보다 아슬한 난간에 섰구나.
언젠가는 흰눈발 뿌리는 계류 쪽으로
추락이 시작될 일이지만
능선은 나서지 않는다.

狀況 · 10

뎅그라니 떠 있는 달.

매달려 흔들리는
발갛게 허물어지는
연돌의 높이

그럴까,
우수수 콩잎이 떨어지고
아마 별 두어 낱 타오르고 있다.

추위도 몰려다니던가,
개구리 소리 듣고 싶은 때도
바르르
추녀 끝에 맞닿는
빛의 외면.

고슴도치 꼴이 되어
비잉빙.
목화木花 밭을 기는

아아,
나그네여.

노상에서

참으로 기이한 일이다.
추워야 할 텐데
십일월의 바람이면 차가워야 할 텐데
춥지가 않다.

예쁘지도 않은 손짓들이
그렇듯 따뜻해 보이는 것은
흩어질수록 산음散音되어 구르는 소리는
무엇 때문인가.

야속할 때도 됐는데
땅거미 지면서
눈물겨울 때도 됐는데
행인行人들의 낯빛이 을씨년스럽기도 한데
왜, 나는 피익픽 웃는가.

참 기이한 일이다.
꽃도 없고
눈물은 더욱 없고

풀풀 흙먼지 유난히 길다란
다리목에서
風角쟁이처럼
풍각쟁이처럼
나는 즐거운 손님이구나.

달력이 찢겨져 나갈 때마다
그렇지, 꼭 문을 닫아야지.
십일월의 차가운 바람이
정인가
핏물로 고이는 사뭇 달아오른
한숨인가.

참으로 기이한 일이다.
춥지 않은 것은
십일월의 바람이 따뜻한 까닭에······.

山村

그의 오솔길은 숨결로 차 있다.
사무침이여,
보고 싶음이여.
길가에 버려진 채 산이 떨고 있다.

손에 잡힐 듯
끝내는 부서지고 말지만
가로수를 끼고 부서지는 시름과 같이
나의 꽃나무는 바람에 잔다.
산새도 마을을 비껴 울고 있다.

철 지난 뒤에 만난들 무엇하랴.
비늘을 털며 行間을 좁혀간들
뉘엿뉘엿 저무는 뜨락에
몇 낱 인적이 들랴.

산새 길을 잃는 이 도시의 한 복판을
그림자로 떠돌다
떠돌다

팔랑개비처럼
팔랑개비처럼
전신으로 지치고 있다.

금탑사金塔寺에서

세속에 찌든 사람이 아니라도
이 석탑의 한 모서리를
서 볼 일이다.

바람이 탑신 둘레를 휘이휘 돌며
입후에 젖은 풀잎같이
벌레 소리 스산히 오르내리고,

세월이사 오고 가는 것.
잠시 멈추었다 가야 하는 것이
제 순리라 하면,

비가 오는가.
우리의 노래보다 조금은 가깝게
風磬이 운다

쉬엄쉬엄 山頂을 넘어가거니
나는 춤보다 가난한 사랑을 외우고 있고
山香 묻을 때마다

즐거이 그리움을 읽고 있고,

명상으로 타오르는 불빛,
한줄기 긴 꼬리를 느리고
꺼꾸러지는 삶을 손에 쥔다.

푸석푸석 미간을 다치며 떠는
먼지듯이
꼬옥 쥐면 멀건 물만 듯는
휴지이듯이…….

散調 · 7

벌레들 잘 울고 있구나.

어디에 가서 목청을 빌어
우리 끌어안고
노래할 수 있을까.

선술집에 만난 바람과 함께
한두 번 불티를 날리면서
조용히 창틀을 만지면서
가끔, 물가에 선다.

가을처럼 쏟아지는 노을 앞을
그림자 길게 끌고 가더라도
저리도 하얗게 피어나는
안쓰러움이사
말없이 弔喪해야 한다.

새소리 내며
돌돌 말려버린 꽃잎을 펴며

돌아와
눈빛을 닦는다.

아주 어린 시절의 이야기

친구야, 손에 낀 때를 씻어내며
왜 그렇듯 아쉬웠나.
서너 살 위 아래도 없이 덤벙대던 개울물에서
아아, 우리는 한두 마리 철새였거니,
친구야, 노을물에도 눈물이 빛났구나.

하루내 일 년을 살며
우리들은 꽃이 되고 강이 됐어라.
풀포기마다 여무는 내일을 북북 지워대면서
카르르-
카르르-
날뛰다가
우리는 이제 새가 되었구나.

지향指向도 마지막도 모르는
새가 되었구나,
친구여.

無題

그리하여 우리들은 깃발이 된다.
그리하여 우리들은 고함의 덩어리가 된다.
솟구칠 수 없으면서
매일처럼 솟구쳐야 하는 것처럼

가시를 키워내야 하는
이 처참한 도시를 건너면서
그리하여 우리들은 코가 높은 이마를 만난다.
결심한 걸 버릴거나
괜히 새 쫓는 시늉을 하며
한 두어 개 들판을 스칠거나,
그리하여 우리들 모두 빗물이 될거나
아직 깨어나지 않는 밤을 걷는데
끝내 마주쳐 날뛸 수 없는
우리들의 평화,
그리하여 우리는 모두 버려진 아이가 된다.

小鹿島 記

그 눈물은 미움의 끝이라 하자.
전율도 뒤척임도 없이
하느님이 어디쯤 오고 계신지
알지도 못하면서
밀리고 끌리고

흔들리며
처연히 풍속을 읊조리던가.

사랑이야 한 줄기 진흙 같은 것.
오래 전에 삼킨
숙명 앞에서
그리워서
그렇게 통곡으로 새우는가.

인적이 닫힌 이 오지에서
쉴새없이 무너져 내리는
목숨의 조각들,

헤어짐이 어설프다지만
차마, 울부짖지 않는다.

여름이 넘어가는 석양에
뱃고동 소리
여태 멎어 있고
몇 가닥 괜한 회한을 저미며
無情일레
無情할사
저 門을 지나며
거위가 운다.

새벽 네 시에

지금 시계 소리가
큰 쇠북소리보다 아픈 시절이다.
바로 누워도 천장이 내려앉고
장막을 걷우어도
겹겹이 들이치는 어둠속에
생각의 비밀들을 긁어내는 시절.

퍼뜩퍼뜩 뛰어 올랐다가는
곧 거꾸로 떨어지는
우리들의 사유의 밑둥치에
무얼 묻어야 하는가.
이 뒷길에서
옆구리에 책을 낀 사내가 되어
서성서성 움직이고
거리를 벗어난 새벽 바람 소리가
무겁게 깔리는
하늘 밑을 웅크리며
노래를 불러가며
왜, 나는 홀로 악을 쓰고 있는가,

시계소리,
바람소리,
종소리
그것들이 나를 먹어 치우기 위해 달려오는데
나는 뒷짐을 지고 서서
초조하게 입을 벌린다.
새벽이여,
새벽 네시의 시간은
나의 허리춤에서
한줄기 빛으로 녹아 내리고 있다.

이 생각 저 생각

새가 우는 길목만 찾아 다닐 수 없다.
아무리 오래 된 생각이라 해도
사람인데
휴지로 닦아낼 수는 없다.

어둠이 깔리든 말든
밤의 아래 서서
스르륵 지나가는 그리움을 모른 체 할 수는 없다.
손짓도 그렇고,
우는 시늉도 그렇고
생각하면, 지금서 생각하면
알토란보다 더 보얀 살빛인데
나는 그를 놓아 보냈고
그는 멈칫멈칫 걸어서 갔다.
남들은 이별이라고 하지만
나는 그게 사랑인가 했다.

후르륵 후르륵
풀잎으로 깨는 피리 소리라든가

아마, 그런 소리처럼 덩달아 허물어지는
나의 오늘의 노래라 하자.

말갛게 피어 올라라.
비로서 열리는 망각의 수렁에 빠져
기쁜 것인지
서러운 것인지
그냥 날뛰거라.

한가로운 시간마다 들이닥치는
어쩌다 들이닥치는
한가닥 빛깔을 기다리면서
더러 잡히리라,
꼭 쥐어지리라.
이 생각 저 생각을 뒤척거리면서
오늘은, 밤이 새지 않는다.

빛 · 칼날의 의미

아무것도 준비하지 못하는 이 좁은 터에서,
겨우 찾아낸 한 개의 눈물,
- 그것은 반짝임이었다.

머리깃 빙빙 올가미에 말리는데,
빙빙 새소리를 듣는데,
목줄기를 겨누는 기적의 날카로운 꼬리,
- 우리는 전율하였다.

영생을 얻자는 것도 아니고,
영원한 약속을 맺자는 욕심도 없는데,
힘껏 포효하면서,
날뛰면서
겨우는
하나
둘,
둘
하나

- 텅 빈 기원

빛나지도 날카롭지도 않는,
그렇기에는 사뭇 모자란,
잔해뿐인
우리들의 품.

아늑하지도 못한 노을을 보는 건,
그냥 버릇 탓이었다.

봄의 끝에서

곧 오겠지, 설마하니 한번은 와 주겠지,
기다리면서 봄은 늘 설레는 시절이었는데
봄은 눈꼽만한 풍선만 띄우고는, 눈꼽보다도 작은
꿈짓만 받아들이면서 서성거리기만 했는데

몇 마리의 까막새와 나누는
실없는
碑銘.

누이야
꽃이 필 때
꽃이 아무는 걸
왜 몰랐니.
靑靑히 돋아나는, 풀색만큼 평화로 안기면서
아아 쉬고 싶구나.

연한 흰 살을 씹어가면서, 저기 저쪽으로 가는
혼불을 잡아당기면서,
주욱죽 갈겨대는 그래 빗속에 섰구나.

서둘러 가야 한다면

꼭 그래야 한다면 가자.
지향指向도 생각도 없이
꼭 그래야 한다면 가자
어디로 가는 것인지
어디를 왜 가는 것인지 알지 못한다.
알지도 못하며 약속한 일도 없지만
꼭 그래야 한다면 가자
목과木果 나무보다 노란 달빛을 그리워하며
조금씩 굳어져 가는 눈물을 그리워하며
그래도 꼭 그래야 한다면
어디론가 가자.

묶음 셋

새의 여행

이 골목에서

오늘 아침 비를 들고
산에 올랐다.
낙엽이 있는 철도 아닌데
뭘 쓸어대야 할
아무 것도 없는가.

산에서부터 익히기 시작한 손짓을
흔들면서
웃어대면서
이 골목에 섰다.

저 모퉁이에서 시작한 비둘기의 잔걸음을
미끄러지며
주억거리며
참 무심하게 바람을 쪼이는데
나는 챙겨야 할
기쁨도 없으면서
왜 비를 들고 놓지 않는가.

두어 사람 가로지르는 모양이지만
그들이 흘리고 간
몇 마디 말꼬리를 붙들고
와와
햇살처럼 통곡하는구나.

이 가을의 뜰은

풍속을 그을리는 동안만은
꽃비늘은
물그림자 위에서 흔들린다.

이랑의 저편 쪽에서
한 계집 아이는
옛적 이야기만 적고 있고

시름의 끝을 서성거리며
괜히 물장구치며
이파리처럼
뚜욱뚝
떨어져 내리고 있는
나를 안다.

외로움이라 하면 너무 춥다 하랴.
주홍빛 연모를 추위에 던지며
하얗게 설화雪花가 피기를 기다리랴.

천연히 닫혀버린 문전에
몇 겹
두꺼운 표정을 걸친

내 사랑의 이마 위에
누가 손을 얹어 줄 것인가.
두려움이 무서워진 시간 때문에
노을이 사뭇 빨갛기 때문에
산자락에 밟히는
陰影.

나의 이번 가을의 뜰은
눈물이다.

유역流域 · 3

매梅꽃 한 잎을 따서 뜰에 던져본다.
화알활 타오를 줄 알았는데
번지듯 스미고 만다.

한 두 번 어긴 약속을 잘못이라 하지만
혹한에 떠는 저 살림살이보다
사뭇 아름답구나.

목숨을 던져버리면 그만인 것을,
쉽게 得名하기도 하는 것은
높다란 지역을 차지하고 서서
어쩌자는 것인가.

바람도 구름도 넋은 아닌데
짜작짜작 타들어가는
불심지 끄트머리를 휘어잡으며
허우적 거리는 모가지를 바로 고루며
겨우 꽃잎이나 딴다.

타기는 커녕
숨소리조차 죽어버린
나의 이 流地에
다시 날이 샐까.

지남철이라는 것

졸린 눈이 다 가고, 가리키는 대로 가다 보면
아아, 고향이구나.
올망졸망 초가 몇 채가 그저 을씨년스럽더라니
하늘 만큼 큰 박덩이에 깔려 허우적거리다가도
할아버지가 즐겨 매만지시던,
글쎄 貴物이었을까,
그 귀물로 찾아나서면
쇠라는 쇠는 다 모여 들었는데
아아, 고향에서
내 할마버지는 소문난 쇠부자였다.
그랬을까, 묻겠지만······.

봄의 끝에서

　곧 오겠지, 설마하니 한번은 와 주겠지, 기다리면서
봄은 늘 설레는 시절이었는데
　봄은 눈꼽만한 풍선만 띄우고는, 눈꼽보다도 작은 꿈
잣만 받아들이면서 서성거리기만 했는데

　몇 마리의 까막새와 나누는
　실없는 碑銘.

누이야
꽃이 필 때
꽃이 아무는 걸
왜 몰랐니.
靑靑히 돋아나는, 풀색만큼 평화로 안기면서
아아 쉬고 싶구나.

연한 흰 살을 씹어가면서, 저기 저쪽으로 가는
혼불을 잡아당기면서,
주욱죽 갈겨대는 그래 빗속에 섰구나.

아름답고 싶어서

그렇게 아쉬워하더니만 끝내 울어버렸는가.
울적할 때 만난 실끝 같은 눈을,
그 참 작은 소망을 사루었는가.

焚身도 그러하지만, 책상을 끼고 앉은 惡意의
손톱도 그렇지만
여보게,
빨랫줄에 걸린 저 보석들을 보게나.

관솔불 켜들고 어딜 가나.
혀 꼬부라진 소리로 그 여자의 몸내를 핥으면서
허우적거리며 허우적거리며
상여패 뒤에서
논다.

사시나무 떨 때 꼭 뻐꾸기 우짖고
石築으로 떠받친 밤의 하늘에 와아와
별이 뜨고

그렇게 우는가.
그렇게 우는가.

폐허

왜, 나의 손바닥에는
맨드라미나 채송화 같은
작은 꽃들이 피어나지 않습니까.
왜, 나의 잠 속에는
물고기의
흰 비늘이 떠오르지 않습니까.
하늘을 오르면서
왜, 나의 사유는 물가를 돌아나는
돌들이 생겨나지 않습니까.
왜 내게는 그물과 노을과
칭칭한 폐허가
목숨처럼 흐느끼고 있는 것입니까.
왜 나는 목마르기만 하고
왜 나는 흐느끼기만 하고
왜 나는 혼자 앉아서
풀잎으로 내는
노래를 부를 수 없습니까.
하늘을 범해지면서
왜 나는 하늘이 푸른 것이 아니라고

말해야 합니까.
어머니 가슴을 빨면서
어머니의 가슴을 잊어버린
나의 머릿속을
바람처럼
왜 저리 살아 있습니까.

삶도 삶이지만

쏟아지는 빗줄기에 환희를 느끼는 것처럼
모자란 슬픔이 있다.
눈빛을 갈라내면서
달려 나오는 환상으로
비바람의 환각도 있다.

말바퀴 잡아 흔들면서
몸부림치다가도
덜썩 주저앉아 버리는
나의 마른 다리에
밤이 휘감고 있다.

피리가 있고
주막거리에 잦아드는
노랫가락이
등나무 밑으로 퍼지면서
옛날 옛날 이야기는 널리
그렇게 사라져 간다.

잎이 지면서 넘어지며
실없이 웃으면서
바람을 튕겨내며
그렇게 비틀어진 손끝에
매일처럼 도로 감기는
나의 아침의 노래,

노래보다도 따뜻한 눈물이 좋은 끝마다
아무것도 풀리지 못한다.
한 그루의 마른 나무 끝에
나의 삶이 남았다.

獨舞

나는 결코 혼자일 수 없다.
하늘이 내려앉으면서
날개가 찢길 때까지
나는 춤을 추어야 하기 때문이다.

약속이 없기 때문에
어차피 살아날 수 없기 때문에
나는 지울 수 없는 몸부림과 함께
허망한 움직임의 생각이 쉴 수 없기 때문이다.

나라고 해서 피어올리는
추악한 아름다움과
꽃이 쓰러지면서 내는,
저 서로의 흐느낌들이 흐르고 있는 별,
떨리고 있는 노을,
문이 닫히고 있는
우리들의 시절을 들고 서서
나는 아무와도 손을 향하여
부지런히 전신을 흔들어댄다.

사랑은 기억 속에서 춤고
꿈은 까마득하게 잊혀지고 있는
문명의 뜰에서 뒹군다.

불빛이 희고
불빛보다 찬란한 밤을 좋아하는
나의 춤은
언제나 혼자 끝을 맺는다.

어둠을 끌고 걸으며

대낮이거나
아무 때든 상관하지 않는
내가 가고 있는 곳은
어김없이 어둠이 깔리고 있다.

세차게 부딪쳐 보지만
조금은 흔들릴 뿐,
그는 달아나지 않는다.

그전부터 그러했던 것처럼
꽃씨가 늘 푸르름을 풀 듯이
그런 흔들림으로 내게 머물러 있다.

어둠이라기에는 눈부시게 흰 속살,
나의 숙녀가 되어 버린
그를 데리고
여기만치 왔다.

어디로 가야 하는 것인지

알지 못하면서
나는 나의 뜻과 상관없이
그를 따라 나선다.

버릇이 된
이 중요한 모방이 남은
나의 어두움과
얼굴에 어두움을 끌고 걷는다.

높이 솟구치는
새의 꽁지를 바싹 따르면
푸를듯이 달려오는
바람의 가슴을 쪼개낸다.

나는 걷고 있는 것이 아니라
따라가고 있다.

새의 여행

팔다리가 꺾일지라도
내가 갈 수 있는 곳은 가보아야 한다.
내 눈속에 박힌 모든 것을
풀어헤쳐서라도
나는 가야 한다.

흐릿한 빛이라 해도
그 꽁지를 붙잡고
나는 읍소해야 한다.

내가 가야 하는 것은
내가 멈출 수 없기 때문이다.
내가 갈 수밖에 없는 것은
이미 멈출 수 있는 뜻이
나에게 없기 때문이다.

비가 오거나 말거나
나는 나의 걸음을 멈추지 않는다.

바위가 달려들어도
나는 나의 손가락을 펴서
막아낼 수 있다.

부채살처럼 퍼지는
나의 생각의 갈피를 하나씩 고르면서
반드시 필
작은 꽃씨를 준비하기 위하여
끝내 떨쳐버릴 수 없는
불의 속뜻을 훔쳐오기 위하여
나는 나의 다리에 힘을 넣는다.

돌아라 빙빙 돌 수 있을 때까지
돌아라.
영혼의 겉가죽이 흐물흐물 녹아내릴 때까지
나의 비상은
새와 다르지 않다.

꽃과 철로

이 길목을 따라가면 꿈이 있다고 하자
이 길이 끝나는 곳에
우리들의 기억이 있다고 하지만
잡힐 듯 닿지 않는 생각 때문에
나는 몹시 춥다.

흔들리며
노래하며
가끔 흐느낌을 뿌리면서
꽃잎이 쏟아지는
꽃의 그늘 밑을 개미처럼 기어가면서
거기서 달려오고 있는 기차를 본다.

터지거라
화산이 뜨거운 언어를 뽑아 내듯이
폭발하라.

다시는 잊지 말아야 할 많은 것들 때문에
자꾸만 오늘을 잊어버리면서

겨우 꽃잎 하나를 만나기 위하여
나의 지금은 몹시 춥다.

티벧의 거리

神靈의 말씀을 뇌이면서
하늘을 올려다 보고 있다.
그리움을 토해내면서
세월을 여미고 있다.

연민에 흐느낀 지가
하마 얼마든가.

통로를 가득 메우는
소리와,
눈물의 소리와,

바람은 밀려
히말라아의 허리를 끊고
다시 입김이 시리다.

가난이야
한낱 티끌로 남아서
수레바퀴에 끼어

뜬다.

노래하라.
천사여
하늘을 살피며
천사여,
노래하라.

流民은
웅얼거리고 있다.

차오코야 江

原始의 풍요를 기억시키면서
차오코야에
숨결이 흐른다.

서로 맞잡힌
손들과
겹겹이 영롱한 살림살이와,
노을과,

밀림을 헤치고
뿌린,
어차피 시름을 쌓는
銀河.

에밀레트 사원의 꼭대기에
눈부시게 흩어지는
밀약.

사랑은 쏟아지는 것이지만

구비치며
솟구치며
힘이 큰다.

야자목은
물그림자 따라 푸르고
삶의 뒤란에서
자라는
차오코야의 沈默이여.

불볕이 달아붙는 피안을
게으르게
아주 느릿하게
열대의 늪을 저으며
砂工이 간다.

아마존 · 3
- 밀림에서 만난 아이들

밀폐된 風俗을 다시 가두고 있다.

原始의 房을 꾸미면서
아이들은
늘
저 쪽에 있다.

文明을 밀어내기 위하여
그치지 않는
暴雨.

바람이 옮겨논 골짜기에
아이들은
失語에 밝다.

사랑은 가난할 때만
더욱 빛나는가.
아픔을 할퀸 자리를
덧내며

탕꽃 피는가.

아이들은
시렁 위에 올려진 꿈을
끌어 내리지 못한다.

아무리 이마를 맞대보아도
아이들은
노래보다는
呻吟에 익숙하다.

아마존 · 7
 - 숲에서

숲은
깊고 어둔 門이다

幻戱가 있고
새들의 回轉이 있다.

울창할 수록 숲은 깊고
江은
누렇고
한 줄기 黑暗이었던 것을.

비탈진 길에서 줍는
土俗의
긴 손톱,
때가 찌든
憐憫을 만난다.

낯고 슬어지고
무시로 마주치는

攝理,

- 아마존의 欄干에서
門은
강으로 나 있다.

파수파티나의 다리

死神을 휘감아 올린 바람은
난간에 부딪치다가는
몇 개의 古典을
내려 놓는다.

물줄기마다
희게 부서지는
권태의 끝,
까맣게 그을린 파수파티나의 다리에
연기처럼
暴惡이 서린다.

인종의 그루터기에 부대끼며
매달려
파동치는
바그마티의 江,
그 숨결을 주어 담으며
절망도
내일도 있지 않다.

번뇌와
無念으로 짜여진
우리들의 세월,
저기 뿌려지는 숨막히는
숙명을 아는가,
한 웅큼의 砂石이 쓸어안고 있음을.

병마에 허덕이며
버티며 선다.
열반을 잉태하면서
잡는
神의 가멸한 손.

바람은
여기서 불지만
죽음의 영전에 파묻히면서
새의 날개가
참 처연하다.

묶음 넷

어느 舞踊手에게

부다가야에서
-한 女子의 祈願을 위하여

부다가야의
한 낮은 빛나고 있다.

첫 새벽의 울타리에
까마귀
떼지어 않고
바람은 圓形을 지으며 온
눈부신 採光이다.

靈膜을 두드리는
소리듯이
창을 밀치며,
이 기막힌 생활을 뿌리며
뿌리며

蓮花가 피는
보리수의 잎들이
한낮의
뜰에

부활이 새로 열리고

누가 이 女子의 눈빛을
훔칠 것인가.
누가 이 따뜻한 미간을
빌릴 것인가.

시나브로 밀리고
닫히기도 하는 혼적,
바람이 머무는
그 女子의 혼신의
눈빛과,
기도의 문전을 기웃거리는
나의 또 하나의 노래,

해가 눈부신 대로
나부끼다가
터질 듯
흐느끼는

聖讚의 노래.

별 하나씩 뜨고
아아,
그 女子의 傷心의 가지에
얹히는 번뇌가
풍경처럼
숙명처럼 울고 있다.

누가 本能의 무게를
잴 수 있다 했는가.

성벽을 돌며
까마귀떼
밤을 끌고 오지만
부다가야의 빛은 아직 찬란하다.

피라밋 사원에서

그것은 분주한 노여움이다.
해를 어떻게 끌어 안으랴만
해를 품을 수 없어
뱉어낸 분노와 같다.

사유할수록 꺼져 들어가는
막힌 길목,
思惱처럼 끈적끈적한
춤.

춤의 사슬이 매어
떠나지 못한다.
가령 風雷가 친다 해도
돌이킬 수 없는 벼랑에서
겨우
虛妄을 끌어 안는다.

異國風 · 6
- 리우데자네이로 거리에서

타오르거라,
山河여.
쏟아져 내리게 하거라,
그림자여.

언제나 도도한 흐름,
그 장중한 音律처럼
소리치거라.

비의 긴 言語와 함께
몇 줄기
세월을 휘감노니

타오르거라,
손짓이여.
자만하게 타오르게 하라.

눈빛으로 부풀어 오르는,
原始의 빛깔들을 거느리고

쏟아지는
山色
노을이여.

그림자의 저 잔잔한 잔해 속에
파묻혀
떼지어 흐르는
반짝임,
- 山河여,
전율하노니
숨 죽여 노래를 남기노니

출렁이거라.
오래 멈추지 않음이여.

異國情緒 · 12
-부에노스 아이레스에서

1.
아득함이
비둘기 떼 위로
뜬다.

맥박을 세며
웃을 때,
세월이 바쁘다.

다들 떠난 자리에도
잎은 남아 있고
旅情이 춥다.

2.
西洋 깽깽이를 켜는
파도의
깃,
깃털을 뽑아 흔들어 대는
도시의

춤.

말끔하게 닦아 낸 거울,
거울 속으로
빠진
침상에
가난한 우리의,
우리의 억양이 있다.

안데스 山 · 2

이 산의 난간을 밟아가면
구름 위에
눈이
雪花로 앉는다.

늘 띠고 있는
軟紅의
山빛,
빛의 둘레로 쏟아져 내리는
攝理,
숨이 막힌다.

생각마다 불지핀 채
오래 앓는
신음,
헐떡거리는
山의 높이에
정작 무거운 건
적막이다.

지천으로 물색 배어나고
거뭇거뭇
돋아나는 地熱,
눈 밖으로
하늘이 낮다.

풀빛 幻 · 1

우리가 잘 모르는
女子의 눈빛을 들여다 보면서
오래 잊어버리고 산
마을의 이름을 생각한다.

강아지풀이나
애기손 같은
참 작은 흔들림을 기억하는 동안
유리가 굴러가면서
내는 소리처럼
삐득삐득 솟아오르는
느껴움에 젖는다.

몸을 포개야지.
눈을 맞추워야지
골몰하면서
내가 그의 가슴에 채워줄 수 있는 것은
나의 생활 밖에 없지만
나는 몹시 싱그럽다.

여기 저기서 두런 거리며
몰려 오는 것들,
잠을 잘 수 없도록 밀어 붙이는 것들.

숲片을 잘게 뿌려 대면서
끼득끼득 웃음을 던지면서
다가 오는 것들,
그것들을 맞아들이면서
나는 나의 살갗에서 뜯어져 나가는
고독의 날개를 바라본다.

어느 舞踊手에게

나는 너에게 다리를 움직이라고
요구하지 않는다.
나는 네가 어깨를 제치며
부르르
부르르 떨고 있는
눈빛을 바라지 않는다.

너는 걸을 때마다
우수수 비늘을 떨구고
비늘을 떨구면서
오랫동안 숨겨 두었던 기억같은 것을
함께 흘러 보내고
느티나무나 배암꽃이 있는
산자락을 생각할 수 없어서
나는 네가 까르르
까르르 울어버릴까 무서워서
나는 너에게 울어서는 아니 된다고
요구해야 한다.
그러나 너에게 웃지 말 것을 요구한다.

빛이 까맣게 끄슬릴 때마다
너는 내게로 달려오지만
나는 너를 마주 대하기에
참 많이 부끄럽구나.

네가 살고 있는
너의 전신의 삶은
내가 살고 있는 아주 작은 삶보다
너무 많이 무거워서
나는 늘 너를 볼 때마다
가벼워 지고 있다.

나는 너에게 움직이도록 요구하지 않는다.
내가 너에게 요구할 수 있는 것은
내가 더는 가벼워 지지 말아야 함으로
내가 더는 부끄럽지 않아야 함으로
나는 너에게
한 개의 웃음을 빌렸으면 바라고 있다.

曲藝師

한 마리의 용을 그려내리면
무슨 색깔을 준비해야 하는가.

한 마리의 용을 날려 보내기 위하여
누구에게 무슨 힘을
빌어 와야 하는가.

해가 떠 있고
비가 자주 왔지만
이미 핀 보리 대공 곁으로
용의 입김을 엉켜지고 있지만
나는 나의 용을 그리기 위하여
아무 것도 챙기지 못한다.

불꽃 놀이가 재미있다고 하지만
나는 나의 불꽃 놀이를 보면서
용을 위하여
온 몸에서 숨을 빼고 있다.

누가 나의 용에게 눈을 달아 주는가.
누가 나의 용의 비늘 속에
반뜩이는 기쁨을 심어 줄 수 있겠는가.

조용히 피어 오르기 위하여
얼마가량 남겨 놓은
나의 마지막 전력을
해실해실
폭단을 풀어나듯
나누어 줄 수 밖에 없다.

누구 하나
나의 이 아픔에 동조하지 않는다.
나의 가장 아름다운 마지막을 위하여
아무도 따라 나서지 않는다.

강가에서 만난 부처의 이야기

그래서 우리들은 함께 걷기 시작했다.

유난히 눈빛이 깊은
그 지지리도 못생긴 사람이
늘 들떠서
어푸러지기만 하는 나의 살림속에
바람과 흡사한 모습으로
끼어 들고 있다.

꽃이 웃고 있어서
장뚝대 옆으로 다가갔지만
그는 금방 웃음을 닫았다.

아침마다 만나야 하는
그 유난히 눈이 맑은
사람에게
다가 가기로 했다.

그가 내게 왔는지

내가 그에게 다가섰는지
알 수 없는 일이지만
그 못생긴 사람과 나는 만나고 있다.

어느 때는 족쇄를 차고 있는
나의 모습을 내려다 보며
웃을 듯이 울어 주기도 하지만,

그가 내게 할 수 있는 것은
작은 침묵이다.
내가 그를 만나기 시작한 것은
그의 작은 침묵을 좋아하기 때문이다.

아무리 강가에서 만난 사람이지만
나는 바람의 고요를 알아야 함으로
바람의 가시처럼
지쳐오는 이 황막한 뜰.

유난히 손이 고운 부처를 기다리고 있다.

아침 꽃

손바닥에 올려 놓으면
금방
말갛게 날아가 버리는
빛깔처럼
아침이 스며들면서
골목마다
숨결을 파묻어 버리는
저 조그마한 것은 무엇인가.

아침마다
내 속을 후비내면서
방안을
가득하게 채우는
저 느슨한
냄새는
향기인가
서러움인가.

외로웁지 않다고

아우성치면서
뜰을 가로 질러 가는
나의 또 하나의 아픔이
한 차례
몸살을 앓고 있을 때
그 조그마한 것을
삐뚝삐뚝
몸을 풀고 있다.

이른 새벽부터
한 모금의 술을 마실 수 없어서
이 깊은 흔들림을
달랠 수 있는 것은
아침뿐인데,

나는 아침을 마시다가
아아,
아침을 마시다가
조그마한 끝을 만난다.

停車場에서

마치 正答에 골몰한 소년이었다.

형편없이 찌그러진 모자를
높이 던지면서
와아 와
주워내는
砂金의 흩어내는 빛.

향수를 찾기에는 너무 늦은 시절에
잘 우는 밤비처럼
밤이슬처럼
알몸이 된다.

네거리도 아닌 것이
자꾸 방황을 권하기에
서 보는
구역,
우리들의 빈 터,

한꺼번에 몰아간 건 아니겠지만
신음이 번지는
驛舍를
비잉 빙 수리새 된다.

영락없이 주어든 手帖에
깨알 깨듯 적는
몇 마디의
言語.

마치 正쯤을 놓친 소년이었다.

넝마 속에서

누가 이 匕首를 뽑을 것인가.

훈장처럼 오만한 것도 없지만
피곤한
바람일 것 같다.

나동그라진 목숨을 끌고
늘상 기도가 마른
껍데기의 노래.

주섬주섬 챙겨든 살림을 바라보면서
풀잎이
풀잎처럼 오열하는
기쁨이고자 한다.

높이 치켜든 잔을 채우소서,
함몰하는 시간에
무슨 주문이든 외우게 하소서.

깊이 꽂힌 匕首의 끝을
뽑은 들
힘주어 뽑는다 해도
겨냥할 데라곤 없는
하찮은 반복.

잡기장에 적히는
나의 하루의 노동은
그저
낙서구나.

아침을 만나고 있지만

길목에서 듣는 소리는
깨알보다 작은 글씨로 배달되는
언어.
정갈하게 다듬어 진
꿈의 시작이다.

밥상에 오르고 있는 것은
아주 귀한
비둘기의 빛깔도 있지만
비파가 떨리듯이
내려앉는 눈빛도 있지만,
조용한 포효도 있지만
쉴새 없이 회전하고 있는 눈빛도 있지만
내가 만나는 것은
똑같은 몸짓의 어제 뿐이다.

오늘 만나고는
다시 만나지 않을 것처럼
크레온을 한꺼 번에

풀어 바친 것을 갖고 싶지 않지만
그것들이 왜 여기서 넘실댄다.

작은 죽음들을 준비하긴 했는데
싹을 틔우지 못했음으로
나의 아침은
다시 죽음을 준비할 수 밖에 없다.

코끝이 신선하게 하면서
입술을 열게 만드는
나의 우리들의 아침이여.

나는 그 이마에 경건한 입맞춤을 하고 싶은데
아침이 물어 놓는
푸른 빛깔 속에
나의 흔적을 몰아 놓고 싶은데
날마다 만나는 기억이지만
나는 아침을 비켜 가고 있다.

流浪

그 송화수건을 두른 엿장수는
한 백년전 쯤의
우리들의 아저씨들이
학교 앞에서
붙었네
떨어졌네 하는 아우성을 침처럼 바르고 서서
가위도 없이
엿장수가 있다.

옛날에는 사포를 눌러 썼지만
검은 색안경을 쓰고서
새관처럼
눈을 희번뜩거리고 있다.

말끔히 달아나버린 인정을
향수처럼 그리워 하면서
순이의 꽃댕이를 잊지 못하면서
등마루에 슬픈 나날처럼
밀려오는 노을

박꽃이 지피는 저녁을
아스라한 꿈으로 생각하면서
우리 어딜 갈까.

반듯하게 머리 두르고 있을
눈물 자리가 없다.
울면서 매달리는
아주 조그마한 소녀를 내려다 보며
같이 울었던 우리들의 소녀는
지금 어디를 걸어가고 있을까.

갈 때라고는 체바퀴처럼 도는
가야할 곳이라곤
이미 작정되어진.
머물 수 밖에 없는 곳을
흐릿하게 들여다 보면서
친구여,
그냥 티켓을 들고 역앞에 섰다.

출항을 위한 시

갈라지면서 다시 모이기 시작할 때
빛은 아침을 열지만
깊고 어둔 잠에서 깨어나
비로서 눈 뜬 아픔.

가난을 사무치게 미워했으므로
굴종의 긴 버릇을 몹시 싫어했으므로
게으름을 힘써 경계했으므로

보채듯 앞질러만 갔더니
무지개를 뿌리듯
그렇게 환상이더니

슬기는 어디 갔는가
솟구쳐 흐르던 기상은 왜 흐릿한가
무엇에 홀린 넋인가.

남루함이여,
아름다움이 아닐 진데

퇴락이여,
반가울리 없을 텐데
혼동이여, 어찌 그리움이랴.

징소리 높이 하늘을 흔들었고
굴뚝마다 금시 영롱히 퍼져갔고
바퀴들 부딪치면서 가득 들을 메우던 풍요.

마침내 얻은 빛인데
드디어 뚫어낸 터널인데
어떻게 다닌 홍업인데

한 올의 푸른 뜻이 이제 깃들어야지
유구 반만의 힘이 새 빛을 뿜어야지
노래로, 노래로 이어져야지.

바람 사나워도 불휘 깊은 나무이고저
눈부신 지성이고저
새벽을 겨누는 명주이고저

다스리자.
돌이켜 깨우치자
스스로 살 길을 알자.

기름진 뜨락의 보유를 위하여
문명의 틈에 낀 한 포기 꽃나무를 키우기 위하여
비둘기의 안녕을 위하여.

아픔이기도 하지만
깊고 어둔 잠에서 깨어나
비로소 새로 눈 뜨는 출항.

갈라 지는 듯 다시 모이기 시작할 때
빛은 늘 아침을 연다.

驛舍

뜰을 내려서면 달려가는 건
기차가 아니라
흔들리며 흔들리며 웃는
달의 몸짓이다.

순하디 순한 웃음을 아껴가면서
부딛히며
무엇이든 자꾸 떨쿠어 가며
바삐 굽이치는 흐름 속에서
눈빛은 아무와도 만나지 않는다.

엊그제 뜰을 거닐다가 마주친
눈물들을 거느리고 서서
조용히 말씀을 돌아보며
바람,
아주 드센 시간에
손끝만 만지작 거린다.

떠나갈 때마다 알 것 같은

이 쓰림이
아직 가슴안에 차오르지 않아서
밝히지 못하는 촛불.

손을 벌려 안아들이는
무수한 낙하를
한 개씩 집어내면
그가 나에게 부딛쳐 왔던 것처럼
나도 그를 향하여
빠져 들 수 있을까.
그가 나에게 포효했던 것처럼
나도 그의 발목을 거머쥐고
매달려 소리칠 수 있을까.

많이 알듯 하다가
아무 것도 가질 수 없는데
驛은
그 큰 입을 오모리며
기다림에 인색하다.

| 작품해설 |

떠남과 남아있음의 미학
― 채규판 시선집 『저 소금장수의 눈』을 읽고

강영은 | 시인

| 작품해설 |

떠남과 남아있음의 미학
- 채규판 시선집 『저 소금장수의 눈』을 읽고

강영은 | 시인

한국 시단의 중진이신 채규판 시인의 원고를 받아들고 옥고에 시선을 집중하는 동안 "시인은 그의 예민한 흥분된 눈망울을 하늘에서 땅으로, 땅에서 하늘로 굴리며, 상상은 모르는 사물의 형체를 구체화시켜, 시인의 펜은 그것들에 형태를 부여해 주며 형상 없는 것에 장소와 명칭을 부여해 준다"는 〈W.셰익스피어〉의 말이 문득 생각났다. 사물과 사물의 관계에서 일어나는 미묘한 움직임을 예민하게 포착하여 대붕의 거대한 날개로 상상력을 구가할 뿐 아니라 심화된 사유를 이끌어내는 시적 공간을 보여주기 때문이다. 이러한 시적 공간에서 시인이 들려주는 이야기는 시인의 삶을 관통해 온 두 도

시, 군산과 익산에 인접한 신성리 갈대밭(우리나라 4대 갈대밭 중 하나)의 바람소리를 듣게 하거나 금강하구로 무리 져 날아오는 철새 떼의 날개 짓을 보는 것처럼 경이로운 체험을 하게 해준다. 금번 상재한 시집 속에서도 바람과 새가 심심치 않게 등장하고 있음을 볼 수 있는데 "시란 냉랭한 지식의 영역을 통과해선 안 된다. 시란 심중에서 우러나오는 것이기 때문에 곧바로 마음으로 통해야 한다."고 말한 독일의 시인이며 극작가인〈J.C.F.실러〉의 말처럼 바람소리 새소리를 제 몸에 깃들여 살아온 시인이기에 가능한 시 작업이 아닐까 하는 생각이 든다.

이처럼 진솔한 시세계는 공자의 시편에 나오는 사무사思無邪의 세계라 할 수 있다. '시를 생각함에 간사함이 없고. 어긋나지 않으며, 치우침이 없다'는 그 세계는 40여년이라는 세월을 오로지 문학만을 추구한 문학자로서 정진해 온 결과이며 후학을 양성하여 숱한 문인들을 배출한 스승의 면모를 여실 없이 보여주는 일이기에 엄선한 시편들을 골라 시선집으로 다시 선보이는 의의는 자못 크다 하겠다. "시는 나를 증명하는 유일한 방법이오. 또 하나의 나를 발견하는 제2의 준비다. 누가 만약 나에게 시를 쓰지 말라고 한다면 분노로 저항할 것"이며 "다시 태어나도 시를 쓸 것"이라고 시인은 말한바 있다. 이 시선집을 통하여 세월의 깊이만큼 농익은 언표들을 만나고 시인이 걸어온 시적 행보를 다시 밟아보는 기쁨 또한 크다고 할 것이다.

1. 바람 속에서

시인은 1966년 한국일보 신춘문예로 등단했다. 시인이 등단한 1960년대는 정치적 민주화와 경제적 근대화를 동시에 추구해야 했던 어려운 시기였다. 분단 상황 아래 이러한 과제를 추구하는 것은 4,19나 5,16 같은 시대적, 정치적 모순에 대한 폭발과, 시련을 겪지 않을 수 없었다. 민주화라는 이념적 목표와 근대화라는 현실적 목표가 충돌하면서 심각한 갈등을 겪었어야 했던 시대 상황은 1960년대 시단에 여러 가지 흐름을 가지게 하였다. 하나는 현실과의 부딪힘 즉, 상황에 대한 시적 응전 방식의 탐구이고, 다른 하나는 시의 본질이라 할 수 있는 생명, 서정으로의 회귀이고, 마지막 하나는 예술로서의 시에 대한 언어 문제에 대한 깊은 탐구가 그것이다. 흔히 참여시, 전통적 서정시, 후기 모더니즘시 라 불리웠으며 참여시는 사실주의를 바탕으로 둔 참여시와 달리 전통적 서정시와 후기 모더니즘시는 문학의 순수성을 옹호하고, 예술성을 추구한다는 점에서 참여시와 구별되었다 . 이러한 시점에서 등단한 시인의 등단시를 우선 살펴보기로 하자.

나는 숱한 지느러미로 꽉 찬 내부에 섰다.
그 중에서도 길이 잘 든, 불티가 쌓이는 광장이다.
힘이라던가, 아름다움이라던가, 하는 사랑의 의지들을
나는 가끔 손에 담는데
그것들은 곧, 무수한 출범의 까닭을 만든다.
또한, 톱니가 많이 난 가슴을 갖고 있어서
그 가슴은 피로할 줄을 모르며
산란하는 철이 아니래도
항시 별이 든다.
그러므로, 바다의 난간을 좁히며 열리는 문,
트이는 빛을
아, 가장 가까운 둘레에서 시작하는 소중한 작업을
아무에게도 들키지 않는다.
수런대는 낙과의 틈을 비집고, 비로소 오는 풀씨의
새벽이여.
찰나를 잇는 징명한 음악이 기려울 때,
네 귀 반듯한 티켓을 주고, 행복을 살수는 없을까
고 조바로울 때
눈물 알의 표피에 접히는 참 건강한 안식이여.
純히, 꽃잎 새와 꽃그늘의 반조 같은 것이
안으로 물살 져 흐르는데
조리개를 통해 빛나는
환희의 원시림,
밀밭이 넘치는 행길을 건너서
아니면, 부서져 나간 첨탑 모서리로부터

> 바람은 나린다.
> 마침내, 칭칭 감아 조이는 비옥함 속에 서서
> 나는 신비한 체험을 한다.
> 친구여,
> 일찍이 창을 열고 조금 잡아넣었던 신의 오열은
> 무슨 색조의 바람일까, 고.
> 그 바람의 손짓은
> 불모이기를 거부하는 나의 온 몸의 털끝에 숨 쉰다.
> 그리하여,
> 나는 노래하고 미소한다
> 숱한 지느러미와, 길이 잔 든 불티의 결집에 갇혀서
> 조금씩 알아져 가는 생명의 始源을.
>
> - 「바람 속에서」 전문

시인의 계열을 표현하자면 후기 모더니즘이라 하겠다. 참여시와 순수시를 동시에 비판하는 것도 예술로서의 시에 대한 언어 문제에 대한 깊은 탐구에 천착해온 시인의 문학관에서 비롯된 것이 아닐까 한다. 이에 대해서는 1950~1970년대의 한국시를 중심으로 한국 현대시의 사상적 체계를 정리한 [채규판 문학전집]을 통해 기확인된 바 있다. 위 시에서 보면, 바람의 즉자적 세계인식을 대자적 세계인식으로 치환해내는 은유적 메타포와 사물의 감각화는 현재적 시점에서 읽는다 하여도 조금도 손색없는 모던한 감각과 세련된 언어 구사를 보여준다고 할 수 있다. 바람을 숱한 지느러미로 느끼는 촉감

과 불티가 쌓이는 광장으로 보는 시각과 수런대는 낙과의 틈으로 느끼는 청각, 바람을 온몸으로 맞서는 시인의 감각은 경이의 지경을 넘어 신의 오열과 생명의 시원을 노래하고 미소하는 대자즉자적 세계인식으로 확대해나 간다. 26세의 젊은 나이에 이처럼 이미 자신만의 시의 우주를 개척했다고 할 수 있다. 금 번 상재한 시편들 속에서 시인의 바람에 대한 세계인식은 하나의 은유로 내재화 되거나 대자적 세계관으로 이전 되는 다양성을 보여준다.

> 마침 信號機와 한데 엉켜서 산다.
> 仙人掌의 가시를 뽑아내며
> 아플거라며
> 아플거라며
> 읊조리는
> 반복의 아픔.
>
> 차마 못 버린 아쉬움 때문에
> 줄기줄기 흔들리는
> 꽃의 原色을 파내면서
> 아아,
> 喊聲이 역겨운
> 바람을 마신다.
>
> 달리는 소리,
> 떠나가다 되 와서
> 엎으러지는 소리,

> 힘 빠진
> 驛숨에
> 다만 새길 수 있는,
> 지금 막 旗幅이 되고 있는
> 적당한 손짓,
> 손짓 속에 갇혀서
> 죽지 않고 있다.
>
>   -「驛頭에서」전문

이 시의 대상은 깃발 속 바람이다. 바람은 이별이라는 이름으로 나타난다. 이때 바람은 "달리는 소리./떠나가다 되와서/엎으러지는 소리/"로 우리 앞에 한 폭의 깃발을 나부낀다. 우리네 삶이 이별이라는 명제와 맞닥뜨리지 않을 수 없는 것이라면, 궁극적으로는 지구별이라는 역에서 너나없이 이별을 해 경험하게 된다. 이때 '차마 못 버린 아쉬움'을 갖게 되는 것은 인지상정이리라. 그 때 우리는 누군가의 마음속에 "어서 가라고 손짓하지만 손짓 속에 갇혀서 죽지 않는 바람처럼" 남는 것은 아닐까.

> 스산한 바람에 갇혀/내 이웃은 떨고 있다.//塔身을 돌면서/비로서/울리는 風磬/山내음 같이 떨고 있다 -
> 「塔身을 돌며」부분
>
> 사막은 한줌의 햇살을 퍼 쏟아댄다./山기슭을 돌아

가며/허연 먼지가 쏟아지며/原始의 風俗을 다시 끄집
어 내며/바람은 메마른다. -「로키산맥을 지나며」부분

   십일월의 차가운 바람이/정인가/핏물로 고이는 사
뭇 달아오른/한숨인가. -「노상에서」부분

   손에 잡힐 듯/끝내는 부서지고 말지만/가로수를 끼
고 부서지는 시름과 같이/나의 꽃나무는 바람에 잔
다./산새도 마을을 비껴 울고 있다. -「山村」부분

   시대적 바람 속에서 시단의 새 바람과 함께 출발한 시인은 위에서 보듯, 바람의 다양한 변주를 보여준다. 이처럼 다양한 바람의 모습은 시인이 시를 쓰는 시점이 각각 다르기 때문이며 그 양태는 바람에 대한 즉자적 세계인식이 다른 세계를 만나 합일을 이루는 과정에서 다양한 변화를 재현해내기 때문일 것이다.

2. 떠남과 남아있음의 미학

   시인은 2000년 〈한국문화관광연구지〉에 발표한 "고창과 미당 서정주의 미학"에서 다음과 같이 기술하고 있다. "어느 시대를 막론하고 그 시대를 살아가는 데 있어서 당대에 대한 이해와 해석 그리고 이를 위하여 필요한 만큼의 조치를 취한다고 볼 수 있다. 시는 시대 쪽에서보다 사람 쪽에서 오히려 필요하기 때문에 사람 쪽에서 그 시대의 규정의 방법이나 해석의 결론에 따라 그 시대를 살아가는 사람의 생각이 공통질서라고 할 수 있는 의식이나 정신체계를 마름하게 하고 유도하게 함으로써 그 시대의 다음에 올 시대에 대한 최소한의 전제이유를 준비해야 되기 때문이다. 그러므로 시인은 자기전통의 객관적 확립을 진정한 문학행위로 긍정해야 한다"고 말하고 있다.

시인의 이러한 말을 역이용하자면, "자기 전통의 객관적 확립"을 수립하는 것이 시인이란 존재를 증명하는 것이며 그 결과물로 시라는 언어의 결정체를 내놓는다는 것을 의미한다 하겠다. 시인마다 "자기전통의 객관적 수립"을 위해 각기 추구하는 바가 다르겠지만 시선집에 드러난 시편들을 보면 '시'를 인간의 가장 절친한 동반자로써 편안한 관계를 지속해오고 있음을 볼 수 있다. 자아와 세계가 합일을 이루는 그 과정에서 시인은 자연사물이 자주 등장시킨다. 그러나 그는 사물자체에 존재의미를 부여하기보다 사물을 자신의 내면을 심화시키는 대자적 존재로 은유화 시키고 친화력 있는 존재감의 표상으로 표현하고 있음을 볼 수 있는데 이러한 시작법은 "자기전통의 객관적 수립"을 위한 하나의 방편으로 보여진다.

사물은 현실에 존재하는 구체물이다. 자연에 존재하는 구체적인 표상 중에서 시인은 바람 외에도 새, 혹은 꽃, 기차 등을 자주 등장시키는데 이들은 각각 불거나, 날아가거나, 피어있거나, 떠나가거나, 하는 존재들이다. 말하자면 떠남과 남아있음의 의미를 표상하는 존재들인 것이다. 이들을 통하여 시인이 구축하는 시적 공간은 시인의 내면세계이다. 이들과 결합하여 만들어내는 시인의 에스프리가 떠남과 남아있음의 의미로 한층 심화 확대되는 것을 볼 때 시인은 각각의 존재에 대한 에스프리를 미학적으로 성취하려는데 목적이 있는 것은 아닐까 하는 생각이 든다. "현실성과 예술성을 겸비한 시를 최고의 시로 평가하고 있다"고한 시인의 발언은 그것을 증명하는 한 예라 할 것이다.

> 이 길목을 따라가면 꿈이 있다고 하자
> 이 길이 끝나는 곳에
> 우리들의 기억이 있다고 하지만
> 잡힐 듯 닿지 않는 생각 때문에
> 나는 몹시 춥다.
>
> 흔들리며
> 노래하며
> 가끔 흐느낌을 뿌리면서
> 꽃잎이 쏟아지는
> 꽃의 그늘 밑을 개미처럼 기어가면서
> 거기서 달려오고 있는 기차를 본다.

터지거라
화산이 뜨거운 언어를 뽑아내듯이
폭발하라.

다시는 잊지 말아야 할 많은 것들 때문에
자꾸만 오늘을 잊어버리면서
겨우 꽃잎 하나를 만나기 위하여
나의 지금은 몹시 춥다.

-「꽃과 철도」 전문

새가 우는 길목만 찾아다닐 수 없다.
아무리 오래 된 생각이라 해도
사람인데
휴지로 닦아낼 수는 없다.
어둠이 깔리든 말든
밤의 아래 서서
스르륵 지나가는 그리움을 모른 체 할 수는 없다.
손짓도 그렇고,
우는 시늉도 그렇고
생각하면, 지금서 생각하면
알토란보다 더 보얀 살빛인데
나는 그를 놓아 보냈고
그는 멈칫멈칫 걸어서 갔다.
남들은 이별이라고 하지만
나는 그게 사랑인가 했다.

후르륵후르륵

풀잎으로 깨는 피리 소리라든가
아마, 그런 소리처럼 덩달아 허물어지는
나의 오늘의 노래라 하자.

말갛게 피어올라라.
비로소 열리는 망각의 수렁에 빠져
기쁜 것인지
서러운 것인지
그냥 날뛰거라.

한가로운 시간마다 들이닥치는
어쩌다 들이닥치는
한 가닥 빛깔을 기다리면서
더러 잡히리라,
꼭 쥐어지리라.
이 생각 저 생각을 뒤척거리면서
오늘은, 밤이 새지 않는다.

-「이 생각 저 생각」 전문

 이 두 편의 시를 보면 시속에 등장하는 이미지들은 꽃과 새라 할 수 있다. 시인은 그것들에 대한 즉자적 세계 인식으로써 존재를 증명해내거나 존재에 대한 묘사를 하는 것이 아니라 심연 속의 대상, 즉 대자적 존재로써의 사랑하는 대상이다. 그들은 시적 화자의 마음속에 남아 있는 존재이지만 현실적으로는 떠나갔거나 떠나보낸 존재이다. 어딘가에 피어있을 꽃과 어딘가에서 울고 있을 새는 떠나보낸 것이지만 '어디' 라는 공간에 여전히 남아있는 존재이기도 하다. 비단 이 두 시편만이 아니라 도처에서 보여지는 이러한 세계는 시인의 근원적인 모습이 지니고 있는 공간이며 사랑이 머물다간 자리일지도 모른다. 이 떠남과 남아있음의 괴리 속에서 시인의 슬픔이 탄생하고 그리움이 소생한다. 이처럼 떠남과 남아있음이 공존하는 현실의 아이러니는 시인으로 하여금 관념의 공간을 현실로 불러오기도 하고 현실의 사물 속에 재현되기도 한다.

시인의 시 작업은 하나의 지점에 고정된 것이 아니라 선 관념 후 사물, 혹은 선 사물 후 관념의 지점을 넘나들며 자연스럽게 발화되고 있음을 볼 수 있다. 떠났지만 남아있는, 혹은 남아 있지만 떠나보내야 하는 시적 발화의 근원적인 현상을 아이러니의 미학이라 부르고 싶다.

3. 들라크루아 풍의 기행시편

시선집의 3부에는 시인이 유럽, 아프리카, 남미, 북미 등을 여행하며 쓴 〈세계 기행시〉에서 발췌한 시편들로 채워져 있다.

숲은

깊고 어둔 門이다

幻戲가 있고
새들의 回轉이 있다.

울창할수록 숲은 깊고
江은
누렇고
한 줄기 黑暗이었던 것을.

비탈진 길에서 줍는
土俗의
긴 손톱,
때가 찌든
燐憫을 만난다.

낳고 슬어지고
무시로 마주치는
攝理,

- 아마존의 欄干에서
門은
강으로 나 있다.

-「아마존 · 7 - 숲에서」 전문

死神을 휘감아 올린 바람은
난간에 부딪치다가는
몇 개의 古典을

내려 놓는다.

물줄기마다
희게 부서지는
권태의 끝,
까맣게 그을린 파수파티나의 다리에
연기처럼
暴惡이 서린다.

인종의 그루터기에 부대끼며
매달려
파동치는
바그마티의 江,
그 숨결을 주어 담으며
절망도
내일도 있지 않다.

번뇌와
無念으로 짜여진
우리들의 세월,
저기 뿌려지는 숨 막히는
숙명을 아는가,
한 움큼의 砂石이 쓸어안고 있음을.

병마에 허덕이며
버티며 선다.
열반을 잉태하면서
잡는
神의 가멸한 손.

바람은
여기서 불지만
죽음의 영전에 파묻히면서
새의 날개가
참 처연하다.

-「파스파티니의 다리」 전문

　여행이란 세계로 통하는 문이다. 지구 곳곳에 숨 쉬는 숨은 그림을 찾아서 수많은 문을 통과한 시인은 섬세한 필치로 그 나라의 문화유적 및 자연의 특색을 절묘하게 잡아내어 한 편의 풍경으로 완성시킨다. 이러한 묘사는 마치 모로코 여행을 통해 근동 지방의 강한 색채와 풍속에서 깊은 감동을 받고 예술에 대한 새로운 눈을 뜨는 동시에 그 후의 낭만주의 회화에서의 동방취미 풍속화의 기반을 닦았던 '들라크루'와의 화풍에 비견할 수 있다. 규격화된 틀에 엄격하게 묶여 있던 당대의 고전주의 화풍과 대치되는 낭만주의적 화법처럼 시인의 시편들은 낭만주의 시대에 그려진 화폭처럼 풍경을 묘사함과 더불어 그 속에 자유스럽고 활달한 사유를 덧칠하고 있음을 볼 수 있다.
　일본의 유명한 저널리스트 '다치바나 디카시'의 〈사색기행, 나는 이런 여행을 해왔다〉라는 책에 보면 "여행의 본질은 발견이다. 전혀 새로운 것에서 발견하는 내

자신, 새로운 나를 발견하는 것, 일상에서 반복되는 익숙한 체험들 속에서는 의식의 변화가 일어나지 않는다. 일상을 탈피한 여행, 그 과정에서 얻는 모든 자극 우리에게 강렬한 기억으로 남을 뿐만 아니라 지적, 정서적 변화를 일으킨다. 사람은 바로 이런 변화들이 쌓여 만들어지는 존재다" 라는 구절이 있다. 자신을 발견하고 자신의 내면을 풍성하게 살찌울 수 있는 여행, 그중에서도 세계 각국의 나라를 돌아보는 것은 시인에게 분명한 축복이며 행운일 것이다. 모든 시인이 바라는 바겠지만 여행 속의 풍경이나 여행 중에 느꼈던 감정들을 시로 형상화 한다는 것은 '시'라는 괴물에 오로지 관심을 집중해야하는 어찌 보면, 여행 자체 보다 더 힘이 드는 일이다. 100여 편의 기행시를 상재했다는 것은 시에 대한 끊임없는 천착과 시인으로서의 절대적 사명감이 시인의 삶을 좌우지했다는 하나의 증표일 것이다.

4. 독특한 표현 양식과 개성

시인의 에스프리는 대체로 원관념은 숨기고 보조관념만 드러내어 표현하려는 대상을 설명하거나 그 특질을 묘사하는 은유법에 의해 생성된다. 시편 도처에서 나타나는 '암시적 은유(implicit metaphor)'와 '혼합 은유

(mixed metaphor)' 등과 더불어 환유에 의한 기법도 자유자재로 사용하고 있음을 본다. 또 한 당대의 주류를 이루었던 관념의 내재화가 여전히 존속되고 있음을 알 수 있다. 시인의 시가 다소 어렵게 느껴지는 것은 이러한 고도의 기법들이 차용되기 때문이기도 하지만 한자어의 사용과 공간을 비약시키는 환유적 이미지가 돌출의 형태로 나타나기 때문인 것 같다. 이러한 점은 시인의 시가 가지고 있는 독특한 표현 양식이며 개성이기도 할 것이다.

>웃옷을 벗어던지는 나의 친구의 소매에서
>버걱버걱 신바람을 튕기며
>쏟아지던
>콸콸 쏟아지던
>웃음소리.
>
>헤어지기보다 만나기가 쉽다던
>친구의 이마를
>두어 마디 노을이 지나갔고
>어릿어릿 하다가
>밤은 왔는지
>밤은 넘어섰는지.
>
>부산하게 끓어오르는 休紙의 높이가
>石階를 오르내릴 때
>달은 떴으리.

　　　　버그럭 대는 바닷 풀의 냄새를
　　　　따 담으며
　　　　번쩍 스치는
　　　　閃光의 갈기.

　　　　　　　　　　　-「저, 소금장수의 눈」 전문

　표제시인 위 작품 역시 이러한 시인의 개성이 잘 드러난다 하겠다. 선명한 이미지를 그려내고 있음에도 시를 읽어내는 게 쉽지는 않다. 그럼에도 친구의 웃음소리와 모습과 둘 사이를 지나온 세월까지 표현되어진 이 시 속의 외연과 내포의 깊이는 시인 특유의 암시적 은유와 혼합 은유의 아우라를 잘 드러내고 있을 뿐만 아니라, 언어의 예술적 성취에 천착해온 시인의 능력을 유감없이 보여주면서 '달'을 '저, 소금장수의 눈'으로 묘사되어지는 그 정점에서 감탄을 자아내게 한다.

　한 가지 아쉬운 점을 지적하자면, 休紙, 石階, 閃光같은 한자어가 한글세대인 독자들에게는 시각적으로 차단효과를 가져오는 점이다. 휴지, 돌계단, 섬광처럼 한글로 표시된다면 좀 더 쉽게 접근할 수 있지 않을까 하는 생각이 든다. 이러한 점은 시인의 개성을 부각시키는 장점이기도 하지만 쉬운 말 속에 깊은 내용을 담아내는 작금의 시작법에 있어서 하나의 걸림돌 역할을 하는 면이 없잖아 있을 것 같다. 현대는 시의 춘추전국시대라 표현해도 어색함이 없을 만치 온갖 주류의 시들이 혼재하지만 한자어의 퇴색과 순수 우리말로 이루어지는 시어의 다재다능한 어감이 표현 양식에 있어서의 대표적 변화라 할 수 있다. 이러한 점에 시안을 조금만 양보한다면, 탐미적인 시세계를 이루고 있는 시인의 예술성이 더한 성취를 이룰 것으로 생각되어진다.

시대사와 문학사면에서 외면할 수 없는 1960년대의 시인으로써 참여시와 서정시의 결곡한 대립 속에 오직 현실성과 예술성의 조화와 시에 대한 언어 문제에 대해 깊이 천착해왔던 시인은 주제 면에서 떠남과 남아있음의 시공간적 구축물을 미적으로 재현시킴으로써 자기 전통의 객관적 수립에 성공한 시인임을 이번에 상재된 시집을 통하여 소상히 알 수 있었다.

이처럼 시인의 커다란 족적을 더듬을 수 있다는 것은 후배시인으로써 대단한 영광이 아닐 수 없다. '논어'에 보면 종심從心이라는 말이 나오는데, "뜻대로 행하여도 도道에 어긋나지 않"는다는 뜻이다. 몇 해 없으면 종심從心에 이를 시인의 시적 행보는 이제 "뜻대로 행하여도 도道에 어긋나지 않"을 자기완성의 시점이라 여겨진다. 더욱 건강하셔서 여전히 시혼이 살아 숨 쉬는 시들을 보여주시기를 기원하며 부족한 필설이 논한 것을 귀엽게

봐주셨으면 하는 마음 간절하다. '저, 소금 장수의 눈'처럼 건강한 시의 원시림을 밝히는 달빛, 閃光의 갈기가 밤을 새워 시를 쓰는 시인의 계단 위에 환히 비치기를 소망하면서 펜을 내려놓는다. ■